CB134217

Pensamentos de vida e de felicidade

Capa e ilustrações: Sérgio Miguel.

MARIA ODETE FLEIG

Pensamentos de vida e de felicidade

EXTRAÍDOS DE LAURO TREVISAN

Editora e Distribuidora da Mente
Santa Maria - RS - Brasil

Copyright by Maria Odete Fleig
Lançamento: 1981 pela Editora da Mente
Capa: Sérgio Miguel Castro
Direitos Reservados: pode transcrever textos, desde que cite o autor.

EDITORA DA
mente

Pedidos: Livraria Editora e Distribuidora da Mente
Rua Tuiuti, 1677 - Caixa Postal: 955
97015-663 - Santa Maria - RS - Fone: (055) 223-0202
Fax: (055) 221.7184

PORQUE ESCREVI

Acredito que você, ao adquirir este livro, esteja tão feliz quanto eu ao escrevê-lo.

Durante vários anos venho acompanhando de perto a peregrinação de Lauro Trevisan pelo mundo maravilhoso do amor, da fé, da Força Interior, do pensamento positivo e ouvi tantas mensagens lindas, ao longo de seus programas de rádio, na Hora da Ave-maria, que resolvi oferecer a você alguns respingos deliciosos, envolventes e sábios.

Às seis horas da tarde, são milhares as pessoas que o ouvem. Inúmeras pessoas escrevem solicitando trechos do programa.

Foi, então, que me ocorreu a idéia de selecionar esses pensamentos maravilhosos para entregá-los à sua meditação e aproveitamento.

Desejo que você revigore a sua alma e ilumine o seu coração com essa leitura.

Ele sempre afirma que cada palavra, cada pensamento, contém uma energia especial no seu próprio bojo. Você encontrará, em cada pensamento de Lauro Trevisan, energias positivas e revigorantes, que fortalecerão a sua saúde física, mental e espiritual.

Receba carinhosamente esses pensamentos positivos.

Maria Odete Fleig

Este é o presente de aniversário que ofereço carinhosamente, neste 14 de agosto de 1981, a Lauro Trevisan. Presentes materiais terminam com o tempo, mas este é como uma semente jogada no solo, que sempre germina e produz novos frutos.

Maria Odete

ÍNDICE

A

B

C

D

E

F

H

I

J

A VIDA
É UMA
FESTA!

A felicidade não só está presente nas coisas simples, e em qualquer lugar, mas está presente em você!

Pensamentos de alegria produzem a alegria!

Faça de sua vida um sorriso e todos adorarão abrigar-se sob seu manto!

AMAR
É
VIVER!

Amor produz amor.

Ame e seja livre, porque assim você expandirá mais ainda o amor entre as pessoas.

O amor faz você aprender a viver. O amor faz você descobrir as riquezas do seu ser. O amor faz você começar a crescer. O amor faz você amar a vida.

Abra as janelas do seu coração para que o sol do amor penetre e ilumine todos os compartimentos do seu coração.

O amor enche de ternura, de poesia e de encantamento os caminhos por onde você passa a cada instante.

Se você tem o coração pleno de amor, as árvores não são somente árvores ou seres à margem do seu caminho, mas são encanto, poesia e canção de alegria à sua passagem.

Que o amor habite permanentemente o seu coração.

Faça da sua vida uma canção de amor.

Ame tudo o que você tem.

A vida é um amor para quem tem um Amor na vida.

O amor e a felicidade são inseparáveis.

AMOR É FELICIDADE

Não pense que o amor é coisa rara ou inacessível. O amor existe em você, dentro de você. Abra as portas e janelas do seu coração para que o sol da vida e do amor inunde o seu mundo interior e deixe que essa ternura, essa poesia divina e essa canção infinita envolvam todas as criaturas que estão ao seu redor.

Você se sentirá feliz fazendo os outros felizes e, pela lei de que é dando que se recebe, ao dar mais beleza e amor a esse mundo você se sentirá envolvido pela beleza, pelo amor e pela poesia escritos nos rostos das pessoas, nas flores, nos troncos, nas areias, nas águas, nos pássaros, nos animais, nas gotas de chuva, nas plantações, em tudo.

Duas palavras do tamanho do universo: O amor... que gera a felicidade; a felicidade... fonte inesgotável do amor.

Ame o mundo e ele se tornará lindo para você e as flores perfumarão o seu coração.

O amor é a razão de ser da sua vida.

O amor é a luz que ilumina o seu caminho.

O sexo é o banquete do amor.

Paraíso é amor. O amor abre as portas do paraíso.

Quem ama não envelhece.

Amar é produzir amor. Quem ama não briga.

O mundo é aquilo que for o amor em seu coração.

O amor é a maior força do universo.

Quem ama realmente só quer o bem.

Quem ama só deseja fazer com que esse mundo se torne um paraíso de amor.

Quem ama só pode irradiar amor.

Quem ama só ajuda o mundo a ser cada vez melhor, mais bonito e mais habitável.

Quem ama só pode produzir frutos de amor e são esses os frutos que criarão novas sementes, das quais nascerão novas flores, que embelezarão e perfumarão a terra e seus habitantes.

O amor liberta. E nessa liberdade o amor continua crescendo sempre mais e mais.

Do amor nasceu a vida....
Da vida nasceu o amor....

Abra de par em par as janelas do seu coração e deixe que o amor o ilumine, ilumine o mundo e me ilumine.

É o amor que engrandece e ilumina a vida...

Ah! O amor...Procurem os sábios e os gênios qualquer coisa de estupendo no reino do universo e jamais encontrarão uma fórmula ou algo capaz de assemelhar-se às propriedades humano-divinas do AMOR.

Amar é celebrar diariamente o milagre da felicidade.

O mundo nasceu do amor.
E vive da energia do amor.

A vida é amor.

Viver é amar.

Dois corações, que pulsam no mesmo ritmo, iluminam o mundo....

CRÔNICA DO AMOR

Eu mergulho nas profundezas de meu ser e vejo que tu estás onde estou.

As tuas alegrias estão onde estão as minhas alegrias.

As minhas lágrimas estão onde estão as tuas lágrimas.

Somos estrelas próximas e distantes, vivendo da mesma energia, girando na mesma órbita, iluminando-se da mesma luz, aquecendo-se do mesmo calor.

Por isso eu estou onde estás... Tu estás onde estou...

Somos dois e somos um.

Somos duas flores vivendo no mesmo galho.

Se você se deixar embalar na enternecedora canção do amor... então, seus olhos serão ainda mais brilhantes... seus lábios serão ainda mais envolventes... seu rosto será ainda mais lindo... seu corpo será ainda mais atraente... E você surgirá como um todo divino.

Quando o amor atinge os níveis máximos da mente, do coração e do corpo, a felicidade transborda e não é possível a qualquer outra pessoa oferecer algo a mais, como fonte de atração.

O amor é a fonte da eterna juventude.

Faça de cada palavra uma mensagem agradável de amor.

Todos responderão amor com amor e isto é a síntese e a essência da vida.

O amor é a explosão da vida.

Você é todo amor. Cada célula do seu corpo é uma vibração de amor.

Cada vez que o amor foge de você seu corpo fica doente. Cada vez que o amor retorna a você, seu corpo entra em estado de saúde. Mantenha o amor permanentemente na sua mente e no seu coração e você será eternamente jovem.

O mundo não envelhece, porque nasceu do amor e é sustentado por amor e pelo AMOR SUPREMO.

A criação é um hino de amor. Você também é um hino de amor. Não deixe que esse hino soe desafinado.

Vibre de amor. Deixe que a orquestra divina da sua mente, do seu corpo e do seu coração executem todo o dia o mais lindo e emocionante HINO DO AMOR.

Quando você já não ama e não deseja mais amar, você é uma pessoa envelhecida, e até mesmo derrotada, porque amar é vida, é energia, é vitalidade, é luz, é sol, é poesia.

Sinta o amor dentro de você e sentirá uma energia infinita elevando o nível de sua saúde. Sinta o amor doirando o seu coração e sentirá que o fulgor da juventude renovará todas as células do seu ser.

O amor é a razão de ser de toda a humanidade.

O amor é a nossa força.

O amor é a fonte de nossa saúde.

Amor, só pelo amor vale a pena essa vida.

AMAR É VIVER

Se hoje você viu aquela flor que desabrochou no seu caminho....

Se hoje você subiu pelos pingos da chuva até a estrela mais brilhante do céu...

Se hoje você abriu seu coração para rceber o primeiro raio de sol do amanhecer...

Se hoje você olhou com carinho para uma criança e encheu-se de ternura...

Se hoje você acordou lembrando sonhos dourados...

Se hoje você se enterneceu diante de dois jovens namorados...

Se hoje você navegou pelas nuvens, atirando beijos para o mundo inteiro...

Se hoje o seu coração acordou todo iluminado e em festa...

então você está amando...

E está vivendo...

Porque amar é viver...

Somente quando o mundo se envolver na mesma atmosfera do amor que o criou é que todos nós faremos da felicidade uma forma natural de vida.

Quando a civilização do amor for a civilização da nossa humanidade, este planeta mudará de nome. Ao invés de se chamar Terra chamar-se-á PARAÍSO.

Quem ama irradia amor.

Quem ama nunca envelhece, porque a vida se torna mais jovem, mais florida e todos os caminhos se abrem.

O amor é a energia divina que faz a humanidade girar na mesma órbita.

Amor é vida.

.. O amor... que enche o coração de felicidade e transborda para a pessoa amada..

O amor não vive das grandezas e emoções do passado... O amor não se alimenta de recordações, por mais delirantes que tenham sido... O amor não subsiste pelo ouro da aliança abençoada no dia do casamento. O amor que foi grande, deverá sempre continuar grande. Sim, o amor precisa ser renovado a cada dia. A cada instante.

O amor não se deposita para o resto da vida. Ou é hoje ou não é.

O amor precisa ser alimentado, enriquecido a cada dia. Sempre e sempre.

O mundo deve ser uma semeadura de amor.

O amor é a maior fonte de paz, de bem-estar, de equilíbrio e de bom entendimento entre as pessoas.

O amor é feito de bondade, de simplicidade, de respeito e de carinho. O amor tem o dom de aliviar as agruras da vida e de amolecer o coração endurecido pelo ódio. O amor tem o dom de não desconfiar do mal onde ele não existe e de ser compreensivo onde ele existe.

Deus encheu o seu coração de amor... para você sentir a grandeza do amor e irradiar amor por toda a parte...

Semeie amor e com certeza você colherá amor.

Não seja descrente. Há tanto amor em seu redor.

Amar o próximo é dar-lhe atenção.

Ternura. Palavra bastante esquecida. Deixada mais para poetas e sonhadores. Mas, a ternura é um dom que existe no seu interior. A ternura é a moldura do amor. Se você ama, você é uma pessoa terna. É o amor que faz você se enternecer. A ternura é uma das emoções mais delicadas e saudáveis. A ternura produz um brilho todo especial nos seus olhos. A ternura suaviza o seu rosto. A ternura dá um toque atraente às suas palavras.

Seja uma pessoa terna e você será sempre cativante. Seus nervos acalmam, sua mente suaviza, seu coração se ilumina e o mundo todo se torna poesia para você.

A ternura é um dom não só feminino como também masculino.

Você mesmo deve ter visto muitos quadros de Jesus Cristo em que a ternura é o toque divino dado pelo pintor.

Cultive a ternura e o mundo sempre será lindo e apaixonante para você.

Cultive a ternura e a vida será um poema de amor.

Cultive a ternura e o seu coração estará sempre florido.

Cultive a ternura e todos dirão que você é uma pessoa maravilhosa.

Cultive a ternura e todos gostarão de viver na tenda do seu coração.

Deus é a fonte da ternura. Mergulhe em Deus e a sua vida será um mar de ternura.

... Cultive a ternura

e o seu coração

estará sempre florido...

Quando você sente o seu coração transbordar de afeto e ternura você tem vontade de estender a mão a todo o mundo....

Se você planta somente aquilo que deseja colher, você colherá somente aquilo que deseja colher, pois foi o que você plantou...

A semente, para poder germinar e produzir árvore com frutos, primeiro passa pelo sacrifício de ser enterrada. Quando você sente dificuldades, acredite que um benefício maior está chegando até você.

Não tenha medo do mundo. Há uma Sabedoria Infinita dentro de você que orienta você corretamente em todas as situações difíceis e nas encruzilhadas.

Ressurja feliz, cada manhã, e todos dirão que você é a pessoa mais linda e mais querida do universo.

Ninguém pode ofender ou prejudicar você, se você mantém resolutamente sua mente fechada a esse tipo de estímulo.

...Lembre-se que você vale muito mais do que a soma de seus problemas...

Você é uma pessoa maravilhosa.

Você é a criação que caminha para a frente, construindo cada dia o mundo.

Você é necessário para manter o equilíbrio do mundo.

Você está existindo aqui e agora. Estupendo!

Você é alguém neste mundo.

Vibre de satisfação porque você está existindo.

Você é importante. O mundo todo precisa de você, assim como você precisa do mundo. Por que, então, você vive aí a se queixar e a se esconder num caracol como se tivesse medo de existir? Abra a concha, erga a cabeça, e sinta-se parte do universo.

...Você é um mundo de felicidade e encantamento...

Você é o próprio universo e a Força Infinita o inspira, o mantém e o conduz para a frente como um vencedor inato. Veja em cada acontecimento um passo à frente na estrada florida dos seus sonhos.

Assuma a sua própria grandeza. Você não é o seu pai e nem a sua mãe. Você não é a sua esposa e nem o seu marido. Você não é o seu patrão. Seja você mesmo. Entre em sintonia consigo mesmo e você assumirá a pessoa mais querida e inteligente do mundo — VOCÊ.

Sente-se no trono de sua grandeza e contemple, enlevado, o mundo a seus pés. E SORRIA.

Você é um vencedor.

Sua existência faz o mundo mais lindo.

Este mundo é lindo, mas você é o mais lindo dos mundos.

Estenda as mãos para recolher as boas coisas da vida, e as boas coisas virão até você.

... Se você agora não está numa boa, a partir desse momento você pode entrar numa boa...

Sempre existe uma estrela a apontar o seu caminho. Mas, esta estrela não vá procurá-la nos confins das galáxias. Ela está dentro de você.

Olhe para as pessoas que passam ao seu lado. Não são pessoas ruins. São pessoas muito queridas, que têm um coração querido e cheio de amor, como o seu, que têm desejos e aspirações de felicidade, como você.

Você sempre está em ótima companhia, quando convive consigo mesmo.

Basta você estar sem problemas, bem disposto, leve, bem-humorado, vendo tudo azul ao seu redor e você se sentirá feliz.

Conviva bem com você e se sentirá bem.

Conviva bem com você e não existirá desespero e nem solidão dentro de si.

Conviva bem com você e as frustrações e as tristezas desaparecerão.

Antes de acusar os outros, procure examinar-se a si mesmo, e, através de um autodiagnóstico, veja se você está bem consigo mesmo.

Cada dia você está criando o seu mundo e o mundo dos homens.

... Abra a janela para a vida e você verá o mundo encantador que se descortina ao seu olhar....

Procure abastecer-se interiormente de pensamentos agradáveis, pensamentos de amor e de alegria, pensamentos de fraternidade; procure colocar a beleza da natureza dentro de si e você será outra pessoa, que nunca sentirá solidão, porque os outros procurarão sua agradável convivência. Assim como Cristo nunca foi solitário e sempre atraiu multidões.

Se você está nervoso, cultive pensamentos de paz e de fé inabalável no Divino Poder e na Divina Bondade, que existem dentro de cada um e emanam de Deus, porque assim os nervos se aquietarão e a paz descerá sobre você.

Tenha a certeza que Deus criou você para ser o rei da criação e para ser feliz.

O mundo é o paraíso no qual Deus colocou você como o príncipe e como a princesa do reino encantado...

Ande para cá e para lá, não como uma máquina, mas como gente, de fronte erguida, de alma aberta, com um sorriso adormecido nos lábios. Faça a sua obrigação, mas seja humano, tenha coração. Não deixe que o asfalto e os prédios que o circundam transformem seu corpo e sua mente em pedra.

Esqueça os seus problemas, supere suas aflições, acreditando que amanhã será outro dia, muito melhor do que o de hoje. Sim, muito melhor.

... Pense que o mundo é aquilo que você pensa....

Veja e sinta a exuberância da natureza viridente e florida; veja e ouça a sinfonia maravilhosa dos pássaros, dos animais; veja a beleza dos campos, dos bosques, das montanhas, dos rios, do céu, das estrelas. Uma festa da natureza para você. Só para você.

Naquilo que você crer, aquilo acontecerá. Se sua mente estiver em festa, espalhando alegria e sorrisos, sua vida será uma festa, sua vida será toda sorrisos, e seus problemas serão superados com calma, com paciência e com sorrisos. Porque Deus abençoa e atende àqueles que acreditam na sua bondade e na sua generosidade infinita.

Olhe para dentro de si e veja quantas qualidades tem dentro de si..
Olhe para o seu sorriso e veja como ele é encantador...
Olhe para este mundo e veja como tem tudo de bom a oferecer-lhe... Então, sinta-se feliz e deixe que a paz do universo alegre o seu coração.

Lance um olhar para dentro de si mesmo e veja-se como uma realidade viva, verdadeira, existente aqui e agora, e não há um milhão de anos atrás e nem daqui a um milhão de anos. Você, com nome, identidade, real, presente neste mundo. Você, vivendo agora a soma das suas realizações. Você, vendo-se grande ou pequeno. Não sei como você se julga agora, neste momento. Posso assegurar-lhe, no entanto, com toda a certeza, que você é grande, você é poderoso, você tem o tamanho da Divindade.

Seus defeitos são apenas uma máscara que encobre uma parte da pessoa linda que você é.

Seu mundo interior é a coisa mais linda que se pode imaginar. É a mina mais deslumbrante que existe.

... O mundo é aquilo que você pensa que ele é. Crie um mundo bom em sua mente. Crie só coisas boas em sua mente e elas farão parte do seu mundo real.

As pessoas são boas, essencialmente boas, porque são parte de você mesmo. O universo é um só e todos formamos essa unidade.

Se falaram mal de você, tenha pena. Simplesmente isso. E sorria. Você é todo-poderoso e o mal não penetrará em você.

Nunca acredite que os outros podem prejudicar você. Se você não acredita, você estará livre desse mal. Deus está em você e é esta Força Todo-poderosa que o defende e o protege.

Seja você mesmo. Suba ao pedestal da sua própria grandeza e diga a todos que você é grande porque é livre.

Sinta-se sempre linda entre as flores lindas. Mas, você é mais. Você é tudo. As próprias flores se inclinam ternamente para você.

Quando você consegue conversar com os pássaros que existem dentro de si, as aves, que vivem fora, também vêm conversar e brincar com você.

Dize-me com que pensamentos age e dir-lhe-ei quem é e o que acontecerá com você.

Você tem o Poder de Deus e o está usando a cada dia.

.... Você só encontrará o paraíso exterior
quando descobrir o paraíso interior ...

Você é aquilo que pensa. Pense coisas boas e elas farão parte de sua vida.

Se você existe é porque antes foi pensado por Deus. Você é fruto do amor. Não culpe os pais. Procure a sua origem mais profunda e vença pelas próprias forças.

Não fuja de si mesmo. Seria o maior erro. Aí dentro de você é que estão as coisas mais lindas da vida e pelas quais vale a pena viver.

Abra as portas e janelas do seu coração. Deixe que o sol do Bem ilumine cada fibra do seu ser. Às vezes você se queixa de que tudo vai mal, se queixa das doenças, das angústias, das insônias, mas continua produzindo as causas desses mal-estares provocados pelo insulto, pela maledicência, pela agressividade, pela inveja, pelo ódio e por tantos pensamentos devastadores que você vem abrigando no seu íntimo. Limpe agora a sua mente e abra as janelas. Agora sim tudo se modificará. Agora sim a energia vital da saúde percorrerá seus centros vitalizadores e você se sentirá mais forte.

Se você não se sente gente, não se sente contente com a vida e consigo mesmo, é porque não está se conhecendo e é porque você é daqueles que são capazes de passar por cima de si mesmos sem se conhecerem.

Os outros são aquilo que você os imagina em seu pensamento.

Tudo o que você faz é algo em benefício dos homens. Por isso, todos os habitantes deste planeta estão felizes porque você existe. Se você não existisse o mundo não seria tão bonito como é.

... Você nasceu para ser feliz....

Você está perturbando a ordem e harmonia deste planeta se você está triste, nervoso, agressivo, perturbado, realizando ações negativas. Neste caso, comece uma vida nova agora, com a bênção divina, porque é só quando você entra na órbita positiva e divina do universo que você alcança benefícios e se sente bem.

Todos nós nascemos para sermos felizes. Inclusive você.

Levante a cabeça e veja este mundo lindo diante de você. Vamos, não há tempo a perder na escuridão dos outros. Busque a luz, viva na luz e o seu mundo será lindo, iluminado, bonito e confortante.

Se alguém insultou você, não esquente a cabeça. O insulto sempre retorna a quem o atirou. A não ser que você recolha o insulto para si.

Você é o que você é e não o que os outros fazem e dizem de você. Por isso, não se preocupe e nem fique triste quando mentes mais fracas descarregam o amargor que elas mesmas sofrem dentro de si. Tenha pena dessas pessoas amargas, porque você ouviu o fruto do amargor apenas durante meio minuto, mas essas pessoas convivem com o amargor durante vinte e quatro horas por dia e isso é digno de pena, de muita pena.

Você é uno mas, ao mesmo tempo, é parte da grande sinfonia do Criador. Se você não está em harmonia, ninguém poderá estar em seu lugar executando a sua parte. Veja como você é imprescindível no concerto universal.

Nunca o mal teve mais força em você do que o bem.

Se você não vê boas qualidades nos outros é porque você tem uma carapuça que lhe cobre os olhos. Tire-a, e você verá o próximo como a si mesmo, com a mesma boa vontade que você tem, com os mesmos sentimentos humanos que você tem, com a mesma sensibilidade que você tem.

Quando você se queixa da vida, lembre-se que você é livre para mudar agora mesmo a sua situação. Nada e ninguém pode barrar o seu caminho.

Sinta-se acima das palavras alheias. Sinta-se feliz porque há um paraíso dentro de você e ninguém pode assaltar esse paraíso.

Só inveja quem admira. Se alguém inveja você, esta pessoa muito admira você e seu trabalho. O invejoso é um profundo admirador. Só que, ao invés de invejar aquilo que deseja para si, deveria elogiar, investigar e usar o Poder Infinito, que nele existe, para atrair para ele o bem que vê em você.

Os sorrisos são as flores da sua vida. Sorria e a sua vida também será flores, irradiação, perfume e suavidade.

Mais vale um sorriso carinhoso e bem-disposto do que uma tonelada de dinheiro.

O sorriso é tão barato, mas vale um tesouro.

Deixe que Jesus nasça no seu coração e o sorriso brilhará para sempre no seu caminho e na sua vida.

O seu sorriso é a vida do universo.

O sorriso acolhedor, bondoso, carinhoso é a mais linda mensagem para os que lêem pelo coração.

O sorriso significa uma bandeira branca de paz, ou de trégua; o sorriso significa que você ama o outro e que lhe oferece a mão, o perdão, o coração.

Os outros precisam do seu sorriso.

Ninguém é tão pobre que nada tenha a dar e ninguém é tão rico que nada tenha a receber. Eis uma fórmula maravilhosa para enriquecer-se interiormente: dar aos outros. Dar um sorriso, dar uma palavra, dar um gesto de bondade, de ânimo. DAR.

A flor é o sorriso da natureza.

BEM-AVENTURADO QUEM SORRI

Bem-aventurado é você, que está começando agora a sorrir, porque é assim que Deus se manifesta em você.

Bem-aventurado é você, que passa a vida sorrindo, porque você está humanizando e divinizando as pessoas.

Bem-aventurado é você, que tem o rosto todo feito de sorrisos, porque você está embelezando e alegrando este mundo.

Bem-aventurado é você, que semeia sorrisos em terra árida e agreste, porque tornará esta terra um jardim de delícias.

Bem-aventurado é você, que sorri para amigos e inimigos, porque todos abençoarão a sua presença.

Bem-aventurado é você, que sorri para os seus próprios sofrimentos, porque esse é o remédio divino que os cura.

O sorriso é a linguagem da paz, da amizade, do amor, do bem-querer. Quando você sorri, você diz: Eu estou bem e irradio para você as coisas boas que existem dentro de mim.

O sorriso é um dom que existe dentro de você e por isso não lhe custa nada, embora valha milhões. O sorriso nos lábios transmite a sua divindade às pessoas que convivem com você. A melhor mensagem que você pode deixar à alguém é o seu sorriso. O sorriso é o seu beijo benevolente à distância.

Eu ergo os meus olhos e vejo que uma pessoa está sorrindo por entre as flores. E penso que a vida é sorrisos. E penso que a vida é flores.

Transmito a mim e a todas as pessoas, neste instante, o sorriso mais iluminado, o sorriso de quem se alegra por estar vivo. Obrigado, Pai, e conserve a minha existência por muitos e muitos anos.

Se você está triste, olha, deixe de lado as amarguras. É tempo de alegria. É momento de festa espiritual. SORRIA comigo. Sorria e as flores sorrirão com você. Sorria e as estrelas, nesta noite, sorrirão para você. Sim, as estrelas sorrirão para você. Se você olhar as estrelas nesta noite você verá, emocionado, que elas sorrirão para você, pois elas existem para embelezar a sua noite. Enxugue as lágrimas. SORRIA!

Pensamentos de alegria produzem a alegria

Alegria é energia positiva. Alegria produz saúde. Alegria é fonte de bem-estar. Alegria é fonte de prazer. Alegria é sentimento que atrai amizades e aumenta o círculo das pessoas que gostam de você.

A alegria é o manjar celestial dos anjos, que é dado a você.

Cultive a alegria e seu corpo produzirá um estado de energia saudável. Você se sentirá otimista e verá que todas as coisas começarão a correr de vento em popa.

Toda a pessoa em estado de alegria é mais leve, mais solta.

Alegria é vida, é energia, é calor, é luz, é irradiação. Viva a alegria que existe em você.

Seja alegre e irradie alegria.

Seja um mensageiro da alegria.

Alegre-se com o que alegra os outros.

Alegria é uma necessidade diária para assegurar a energia positiva na sua mente e no seu corpo.

Se você quer que a vida seja alegria, sorria desde já e o seu sorriso iluminará o seu rosto e fará brilharem as estrelas.

Todos esperam você com um desejo sincero e profundo de que volte alegre.

Cultive a alegria e o sorriso permanente nos lábios.

Sinta-se alegre. Ponha felicidade dentro do seu coração e diga repetidamente para você: Como a vida é linda! Como Deus é bom para mim! Muito obrigado, Senhor!

Sinta que a brisa da alegria refresca a sua mente e conforta o seu espírito.

Sinta que a tristeza se foi embora e o desânimo cedeu lugar a uma satisfação interior que está iluminando seu corpo e sua mente.

Você deve se conhecer, alegrar-se por ser você mesmo, e se cumprimentar com alegria a cada dia, a cada instante. Então, você se sentirá uma criatura de Deus, feliz com tudo o que existe de maravilhoso dentro de você, dado a você com todo o amor e carinho por Deus.

Você deve fazer do seu trabalho uma razão a mais de viver, de se alegrar e de se sentir feliz.

Toda a pessoa em estado de alegria é mais leve, mais solta, mais saltitante, mais agradável e mais feliz.

A alegria é fonte de amizades.

... Cada pessoa que se cruza em nossos caminhos tem o brilho da felicidade no rosto... Porque nós dois temos o brilho da felicidade no rosto...

Diga que é feliz aqui e agora.

As estrelas no céu, a lua envolta em poesia, querem ser testemunhas de uma pessoa feliz. E essa pessoa feliz é você.

Todas as aves existem para que você se sinta feliz. Olhe as flores: somente você pode tomar conhecimento da existência das flores.

Quem está feliz, irradia felicidade.

A felicidade é uma realidade existente em muitas pessoas. E você deve ser também uma pessoa feliz.

Ouça o que os outros têm a dizer, com atenção, com respeito, mas pratique somente aquilo que faz você feliz.

Deixe que a felicidade ilumine de arco-íris o seu coração e encha de alegria a sua mente.

Toda a hora é hora de ser feliz.

... Deus é a própria felicidade e você é o cântico e a manifestação dessa felicidade.

Que sempre existam flores, muitas flores, novas flores, brotadas da mesma semente, bordando de felicidade a estrada de sua existência. Até o fim dos tempos.

A felicidade é estar bem consigo mesmo. Se você está de bem consigo, você vê as pessoas com alegria e com espírito fraterno. Se você está de bem consigo mesmo você sente as belezas deste mundo e seu coração irradia paz e amor.

Ser feliz é amar a vida.

Você pode ser feliz. Abra o seu coração e a sua mente, como o horizonte se abre para o sol a cada amanhecer, e deixe que a suavidade desta prece, ilumine, embeleze e aqueça de felicidade sua vida, pelo Poder de Deus.

... Adote sempre uma atitude positiva em relação à pessoa que está perturbada por pensamentos agressivos...

Irradie pensamentos de equilíbrio emocional e de tranqüilidade para o outro. Em primeiro lugar, você se sentirá maravilhosamente bem, e, em segundo lugar, você ajudará o outro a sair desta atitude doentia.

Eu sei que não vim a este mundo para sofrer; para cada lágrima de sofrimento eu tenho direito a uma lágrima de alegria.

Eu pego, neste instante, todas as lágrimas de sofrimento que rolaram das minhas faces nesse ano e as jogo para o ar carinhosamente e vejo todas essas lágrimas se transformarem em pequeninas estrelas brilhantes no céu.

A vida é linda porque você existe.

Ergamos um brinde à vida.

Viva a vida.

Não perca tempo e nem vida se enrolando em pensamentos negativos.

Este mundo é lindo porque nós estamos vivendo.

... Viver é criar e inventar não só a própria vida como o próprio sucesso, a própria saúde e a própria felicidade....

A vida é um milagre que se renova a cada dia. Mais do que a cada dia: a cada instante.

Você está vivendo. Isso já é um milagre.

Vamos brindar à vida. Vamos fazer uma prece à vida. Contemple-se e sinta a alegria de estar vivo.

A vida é o dom mais maravilhoso que você recebeu. Porque, com a vida, tudo o mais você pode realizar por si. Você pode andar, você pode trabalhar, você pode sorrir, você pode pensar, você pode amar...

Você está vivo,é o que basta. O resto é com você.

A vida continua. Viver é fazer-se e fazer a cada momento. Que o seu fazer-se seja um fazer-se que lhe traga alegria, bem-estar e satisfações. Diga para si mesmo com fé: "Eu amo a minha vida. Eu gosto da minha vida. Muito obrigado, Pai, por estar vivo. Muito obrigado, porque a vida continuará para frente sempre me trazendo muitas alegrias e ótimos resultados. Sou feliz!"

Quando uma porta se fecha outras se abrem.

Todas as portas sempre se abrem à sua passagem.

.. O mundo é um tapete maravilhoso estendido à sua passagem...

A vida é feita de esperança e de fé.

Faça da sua vida uma caminhada feliz, cheia de amor e de boas realizações. Então, sempre você amará a vida.

Todos os acontecimentos o conduzem sempre para cima. Se assim você pensa.

Sua vida é AGORA, é HOJE, é AQUI, e trate de viver a vida e proclamar-se vitorioso, inteligente, bem-sucedido e forte.

O encanto da vida está num coração cheio de amor.

Duas coisas erradas nunca fazem uma coisa certa.

Com as pedras que jogaram no meu caminho eu construirei a minha vida.

Há uma força todo-poderosa dentro de você que é acionada pelo pensamento. Crie energias positivas. Pense que agora tudo está mudando para melhor. A vida está aí com todas as estradas abertas para você. Deixe que o sol ilumine você.

A vida é essencialmente BEM, por isso o normal é que dela só brotem e aconteçam coisas boas.

Você tem a força de conduzir a sua vida, ao invés de ser conduzido por ela...

Você pode fazer da sua vida o que quiser, pois você tem o dom da liberdade. Se você espera o pior, colherá o pior; se espera o melhor, colherá o melhor. Acostume-se, portanto, a confiar na vida.

A vida é uma primavera. Todas as idades são idades primaveris. Tem a primavera da infância, a primavera da juventude e a primavera da velhice... Também o ancião deve viver esta primavera da sua vida.

Olhe o mundo de cima, com a certeza do vencedor.

Siga pela vida em fora leve e livre, e você viverá sempre com saúde, sempre sorridente, sempre com a simpatia estampada no rosto.

Você nasceu para ter saúde e viver feliz. Se isso não acontece, deve existir uma maneira de conseguir. Pois você é filho de Deus e tem direito à felicidade e ao sucesso da vida.

A vida encerra em si tudo o que de bom você tem sonhado até hoje.

A vida está aí de braços abertos para oferecer-lhe todas as boas coisas que você deseja.

Quando a gente confia na vida, se sente bem-disposto, otimista e bem-humorado. E a mente, estando nessa irradiação positiva, transmite para o corpo bem-estar e saúde.

Quando você se queixa da vida, antes pergunte o que é que você está fazendo para que a sua vida seja um mar de rosas. Você colhe o que semeia.

É você que cria a sua realidade. Tudo o que está acontecendo na sua vida é escrita sua. O Poder Infinito, que existe em você, responde aos seus pensamentos e crenças.

Não existe desengano, fracasso e nem desilusão para quem olha para a frente e para quem acredita em si e na vida.

Quando você enche com as cinzas do inverno a sua vida, as folhas caem, os frutos não existem e a tristeza e a aridez habitam a sua terra. Viva a vida alegremente e com confiança, e você verá a primavera florir em você. Você será uma flor linda no meio das flores. Você viverá cercado de frutos.

Olhe a vida com os olhos iluminados e verá a vida iluminada. Deus é a luz que ilumina a sua vida.

O paraíso está aqui nessa vida. Se você não se sente bem é apenas porque errou a porta. Mas o paraíso existe. Deus o criou para você, e não só para Adão e Eva. Se Deus está dentro de você, e Deus é todo-poderoso, conseqüentemente você pode alcançar tudo o que deseja, pois a Força Divina está em você, esta mesma força que criou o mundo.

... Não se deixe levar por pensamentos negativos, porque eles são a sombra que entristece a sua vida e obscurece o seu coração...

A vida nos é dada para amar, para sermos felizes, para termos paz e grandes amizades.

A vida não é só feita de lembranças... Ela continua emocionante nas promessas de todos os dias... nas mensagens que o coração desabrocha... nos gestos de amor e de carinho...

Permaneça eternamente jovem, porque a juventude é o milagre diário das pessoas que vivem a vida, amam o amor e sabem que o Bem é a fonte de todas as coisas boas.

Plante todos os dias, sem cessar, flores na sua vida e você viverá sempre dentro de um jardim.

O bem-estar e todas as boas coisas da vida começam a existir fora depois de existirem dentro.

O futuro é a imagem do dia de hoje.

... Que lindo sentir que a vida está a nosso favor e que um novo dia alvorece, nos trazendo mensagens de sucesso, de fé e de entusiasmo...

Sempre é tempo de acreditar que não existe a morte: existe a passagem para a vida mais feliz e mais completa, a vida que o próprio Mestre prometeu e ressuscitou para provar que estava falando a verdade.

Não existe a morte: A Vida sempre é. As pessoas passam para outra dimensão e continuam vivas.

Se alguém morreu na sua família, enxugue as lágrimas, deseje boa viagem e tenha a certeza de que a família toda se encontrará na outra vida, formando um círculo de paz, de amor, de felicidade, que nunca mais será desfeito.

A vida está sempre a seu favor.

... Ilumine a sua vida, ponha fulgor e entusiasmo nos olhos, acredite na bondade, semeie amor entre os seus.

É bom sonhar algo que ainda não chegou. Mas também é bom fazer da realidade um sonho. Isto significa VIVER. Isto significa transformar as pedras do caminho em flores.

O sol ilumina a terra, as plantas, as pessoas, tudo, sem distinguir bons e maus, enchendo de vitalidade as plantas úteis e sem negá-la às ervas daninhas. E, assim, o sol segue a sua jornada diária irradiando alegria, luz, calor e vida.

As crianças são as flores da vida.

A maior parte dos problemas existe apenas na cabeça daqueles que não sabem desparafusar a tensão nervosa.

Valorize somente as coisas boas que lhe acontecem. Só marque no caderno do seu diário os acontecimentos que lhe deram satisfações.

A vida deveria ser uma contínua festa. Não digo festa de gastos, de cervejas, de churrascos, mas festa interior. O coração deveria estar sempre enfeitado com as bandeirinhas da alegria, iluminando festivamente com as luzes da bondade, da fé, da visão positiva da vida. A alma deveria estar sempre a distribuir bênçãos e forças para você mesmo.

... Caminhe pela vida sorridente e o seu mundo vai se tornando um paraíso....

Todo o mundo bom, que você cria na sua imaginação, há de existir na sua vida real, se assim você crer.

Não importa se lá fora, sim, lá fora de nós, as tempestades surjam; o importante é que dentro de nós exista bonança, tranqüilidade, e bem-querer.

Seja maior do que seus problemas e faça deles um trampolim para o sucesso.

Não vale a pena guardar as coisas ruins que aconteceram durante o dia. Vale a pena colocar em primeiro lugar, na sua lembrança, as coisas boas que aconteceram, os gestos de alegria, os pequenos sucessos, os momentos de paz, os favores que recebeu, as boas notas de aula, as notícias agradáveis que recebeu, os momentos de amor, tudo isso. Assim você terá a mente leve, o coração alegre, o rosto bonito e o andar simpático. Faça assim e sua vida será maravilhosa.

.... Liberte a sua mente dos tabus e dos sentimentos de culpa e entre agora no mundo divino do paraíso....

Todo o sonho se torna realidade física. Se você acredita.

Pense só coisas agradáveis e somente acontecerão coisas agradáveis com você.

Nunca fique com medo de nada e nem desanime; você tem um Poder Infinito dentro de você, que tudo lhe alcança.

O estado de ânimo negativo gera uma realidade negativa. O estado de ânimo positivo, gera uma realidade positiva.

Acostume-se a criar permanentemente belas expectativas dentro de você. Essas sementes, jogadas no solo fértil da mente, brotarão, crescerão e produzirão frutos.

O corpo reage aos pensamentos fortes da sua mente.

Uma força universal revitaliza cada fibra do nosso ser. Sinta que uma luz divina está iluminando seu corpo e sua mente, e agora você se sentirá jovem, cheio de entusiasmo, feliz, com a força interior do vencedor.

A sua mente é infinita e pode percorrer todos os recantos do universo.

... Deus deseja que seu caminho seja um caminho alegre e florido, por isso deu-lhe, através do poder da mente, da sua fé inabalável, a força de realizar seus sonhos, de ser feliz, de ter o coração sempre cheio de amor...

Você pode aquilo que puder a força de convicção da sua mente.

É preciso reprogramar a mente. Somente pensar, e em tudo, construtivamente, positivamente, afirmativamente. Existe dentro de nós um Poder Infinito, criado por Deus, para nos fazer felizes, uma energia divina capaz de alcançar o que de bom nós desejarmos sinceramente, confiantemente, com toda a fé.

Há muita gente que se queixa de solidão. Mas, como pode não existir solidão numa alma vazia, numa cabeça cheia somente de números? É preciso povoar a mente com pensamentos de alegria, de bondade; é preciso que você caminhe com o coração do lado de fora; é preciso que dentro de você habite o AMOR.

Quando você está em confusão mental, pense assim: se o que estou imaginando é positivo e benéfico, está certo; se o que se fixou em minha mente é negativo, conturbador, doentio, então isso deve ser eliminado...

... A liberdade é a força mais poderosa capaz de gerar um amor mais forte e mais vitalizado....

A liberdade faz a grandeza do amor. A liberdade faz a grandeza da criatura humana.

Nunca é tarde para ser livre. Nunca é tarde para proclamar a sua própria liberdade.

A liberdade não mata o amor, mas o faz atingir as maiores culminâncias.

Você é livre. Você pode escolher o caminho da felicidade, você pode buscar o caminho do amor, você pode realizar seus sonhos.

A criatura humana, Deus a criou num momento de grande amor e deu-lhe o estupendo dom da liberdade, ou seja, a capacidade de pensar, examinar, resolver, escolher, buscar, ser, descobrir, tornar-se, realizar-se. Até mesmo o amor é fruto da liberdade.

Você é livre para ser feliz.

Talvez você tenha lutado tanto para ser livre e agora, que o é, não sabe o que fazer da liberdade. Saiba, no entanto, que Deus fez você livre porque ama você e quer que você sinta o imenso prazer de construir seus próprios caminhos.

... Puros são aqueles que têm a mente pura, ou seja, os que não são dominados por pensamentos negativos...

Ser puro é amar a vida, é ser bom, é ser otimista, é ser positivo, é ser confiante, é ter fé, é ser saudável, é ser feliz e vibrar com a felicidade alheia; ser puro é ser sincero, é acreditar que há um Poder Infinito dentro de você.

Ser puro é ser alegre, é ter sorriso constante nos lábios, é ter palavras agradáveis e positivas....

... Ao invés de olhar os aspectos negativos do outro, procure o lado bom, o lado das boas qualidades, o lado dos bons sentimentos. Proponha-se, neste instante, a só ver as coisas boas...

Quando você olhar para os outros, quando você ouvir os outros, cuide de analisar o que você vê e ouve, e só utilize o que lhe traz benefícios. Não seja um cesto de lixo que aceita tudo sem discriminação. Você é uma pessoa muito preciosa e deve valorizar-se ao infinito.

Sinta no rosto do outro um sentimento de fraternidade e carinho, sinta que essa pessoa que você não gosta é um pouco de você mesmo, porque todos nós somos parte deste universo lindo e abençoado.

Aceite os outros como são e dê, calmamente e sem ostentação, a sua mensagem positiva, leal e sincera.

Os negros são diferentes apenas na cor, porque assim é bom, tão bom como é bom a gente cultivar flores de muitas cores no nosso jardim. Que seria do branco se não existisse o preto? Que seria do preto se não existisse o branco? A vida seria bem sem contrastes, sem beleza, sem harmonia.

Toda a flor, na sua essência, é uma obra da perfeição divina. E toda a criatura humana é uma obra da perfeição divina.

Pobre daquele que avalia as pessoas pela cor. Sua pequenez dá pena.

Cristo trouxe a salvação a todos os homens, de todos as nacionalidades, de todas as cores, e não podia ser diferente, porque ele veio para trazer a paz e a salvação à criatura humana, e não às cores da criatura humana.

A calma é um estado muito agradável e você se sente muito bem quando está calmo. E os outros gostam de você quando está calmo. A calma não é falta de energia; pelo contrário, os calmos têm mais energia mental e física do que os nervosos e tensos.

Discussão é água agitada e água agitada só fica na superfície. Quando você quer a solução correta de uma questão ou situação, procure buscá-la na calma, na profundidade, porque aí há lucidez, bom-senso e boa vontade.

Sorria complacente diante do mau humor dos outros e diga serenamente: CALMA! Você verá que essas palavras realizarão o milagre da paz e do amor.

A receita do sucesso é simples: O que fizer, faça com entusiasmo constante, mesmo nas horas de maré baixa. Aliás, aí é o momento de acionar toda a potência do entusiasmo, que, por sua vez, acionará a potência da mente, cujos recursos são buscados no próprio Criador.

As situações difíceis são passos na caminhada do sucesso.

As dificuldades são estímulo de progresso. São degraus que nos levam para cima.

Não tenha inveja dos que são bem-sucedidos. Você também pode, a partir deste momento, começar a ser uma pessoa toda iluminada, bem-sucedida, cheia de prestígio e sucesso.

O seu direito à riqueza é tão natural como a água que você bebe.

Se algum negócio foi mal, dê a volta por cima, sorria, e acione as forças interiores para transformar este fracasso em energia propulsora de um sucesso maior.

Não são os braços que enriquecem. É a mente. A mente cria as riquezas e o bem-estar.

Faça de Deus o seu devedor e siga em frente abrindo as mãos para recolher as dádivas divinas.

Se você está passando uma vida de necessidades é porque você não está estendendo as mãos para apanhar as riquezas que jorram de Deus sobre o universo. Estenda as mãos. Acredite que as riquezas também são para você.

Olhe para dentro de sua mente e veja as riquezas infinitas que podem jorrar da sua mente em seu benefício e em benefício de toda a humanidade.

... Mergulhe no seu mundo positivo. Mergulhe em si mesmo até encontrar a Divindade e então tudo lhe será dado de acordo com os seus desejos...

Queira encontrar o seu verdadeiro caminho. Queira acreditar que a felicidade está ao seu alcance. Você tem o tamanho de Deus, portanto, você TUDO pode.

Você não nasceu para sofrer. Nada é irreversível e nem irreparável. Logo aí está à sua disposição aquilo que você mais deseja na vida. Não desanime. Ligue-se em Deus, no Pai que habita o seu íntimo, e você verá que o milagre acontece neste mesmo instante.

Deus está no meu íntimo. Deus habita minha mente, meu coração minha alma e meu corpo. Em Deus só existem saúde, vitalidade, amor, sucesso, abundância, alegria, paz e felicidade, por isso agora o Poder Divino está me enchendo de saúde, de paz, de amor, de vitalidade, de abundância, de alegria e de felicidade.

Deus é amor e está com você.

Deus tudo pode.

Deus quer que você viva e viva feliz para sempre.

Deus está lhe dando força.

...Deus é o Poder Infinito que existe em você para tornar realidade todos os seus desejos de alegria e de felicidade....

Se você tem pensamentos positivos, você vê a Deus agindo dentro de você, sente a alegria de viver, e transborda de felicidade.

Como é bom a gente parar um pouco, sentir-se bem e então pensar na bondade de Deus, que me criou, que criou você, que criou o mundo e todas as coisas lindas que existem!

Quando você planta a semente do bem a resposta do ALTO é o fruto multiplicado. Se a semente divina cai na sua mente aberta, renderá muitos frutos e produzirá o bem-estar que você deseja.

Entre em sintonia com o Criador e saia fortalecido e em estado de completa alegria interior.

Seu pensamento divinizado atinge os cumes infinitos, bate à porta de Deus e traz a resposta positiva de volta.

Eu não morro porque Deus é em mim.

Una-se ao Pai que habita as profundezas do seu ser e receba a Benção Divina da paz, da saúde e do amor.

Há um Pai que é PODER, que é AMOR, que é ENERGIA, que é PERFEIÇÃO, que é BONDADE, que é PAZ, que é MISERICÓRDIA. Quando você reza: Pai Nosso que estais no céus — lembre-se que Deus é pai. Esta é a palavra mais perfeita para atribuir a Deus. Pai. Pai e não fiscal e nem guarda.

... No momento em que silencia o nosso EU, Deus começa a se manifestar em nós e sua sabedoria nos revela a resposta das nossas perguntas e dos nossos questionamentos....

Quando a Divindade atua em nós, nada mais há que temer. Somos a maior força do universo.

Quando a Divindade habita o nosso ser, vão-se embora as tristezas, porque a alegria ilumina o nosso ser.

Quando você acredita na Divindade existente no seu interior, e a invoca, a vida se torna uma caminhada alegre, fácil, tranqüila e plena de sucessos.

Se Deus está dentro de nós, não existe gente ruim. Todos somos essencialmente bons. Quando você diz que tem algum desafeto, lembre-se que também ele, como você, é uma pessoa boa, essencialmente boa.

Procure olhar o outro com a imagem divina. Se você olhar no outro a sua própria imagem, como se fosse um espelho, seria bem mais fácil compreender, perdoar, aceitar e irradiar pensamentos de paz, de boa vontade e até mesmo de amor ao outro que o prejudicou.

Em Deus e na vida não existem complicações. As complicações é você que as cria. Seja bom e o mundo será bom para você. Seja bom e Deus será bom para você.

Quando você pensa alegria, amor e saúde, você pensa o pensamento de Deus, porque todo o bem existente no mundo é expressão da Divindade.

.... Em Deus não existem doenças, nem tristezas, nem sofrimentos. Em Deus existe a felicidade, a alegria, o bem-estar, a paz, o amor, a concórdia, enfim, o BEM na plenitude desse termo.

Bem-aventurado é você que tem a fé firme da criança, que acredita num Deus que sempre ouve e atende.

Você nasceu de um sonho querido de Deus.

Use o Poder Infinito para fazer da sua vida uma festa.

Todos nós somos parte do universo, por isso podemos estar em contato com aquilo que é parte de nós mesmos.

Lance os olhos para as atividades de hoje e contemple a sua obra com a delícia do Criador ao contemplar a obra da criação ao fim dos seis dias simbólicos da criação do mundo.

A palavra de Deus é amena, límpida como a água do riacho que vai fluindo e não fica,em redemoinhos,no mesmo lugar.

Meu pensamento se volta para o MESTRE. Ele era como uma nuvem branca e suave envolvendo a todos e os atraindo para si. Todos o chamavam de bom Mestre.

.... Para que você foi criado? Para que a vida seja uma festa contínua para você. E Deus semeou alegria e paz em torno de seu caminho. Abra os olhos e veja.

Encontramos tanta coisa maravilhosa no nosso planeta porque a Mente Divina ainda continua atuando nos homens.

... Nosso coração toma o tamanho do mundo e tudo cabe dentro dele... Este é o instante misterioso em que nós somos o universo e o universo é nós....

Orar significa entrar em sintonia com o Criador.

É maravilhoso quando uma pessoa consegue entrar em sintonia com o Criador. De repente, sente que todo o universo cabe dentro de si.

A oração liga a gente com o Poder Infinito, com a Sabedoria Infinita.

Veja como é tão fácil fazer com que as coisas boas aconteçam. Basta pedir em oração, CRENDO. Crendo mesmo. É preciso tirar do pensamento dúvidas e desconfianças.

Faça do seu coração um solo fértil para que a semente do amor germine e a seiva divina produza muitos frutos.

Sua oração é a semente maravilhosa que você lança no solo da mente e do coração.

Prece é a divinização do pensamento.

A prece é o pensamento amado, querido e desejado que você coloca na sua mente e no seu coração.

.... A prece silenciosa e cheia de fé que brota da sua mente é a fonte revitalizadora das energias e é a sua certeza de que o dia se aproxima suave e pleno de belas expectativas...

Orar é conversar.

Orar com sentimento é pensar com a emoção que você tem quando diz palavras amorosas para o seu bem-amado.

Quando você faz uma prece com vibração interior, com desejo ardente e com toda a fé, tudo acontece rapidamente porque as suas palavras têm tanta energia que chega aos céus no mesmo instante.

A prece tem o poder infinito capaz de realizar qualquer milagre.

Para a prece não existe distância, não existe espaço, não existe obstáculo, não existe barreira. Esta força universal, que jorra da prece, está levando a você muita paz, muita alegria... Está levando a você o lenitivo às suas dores...

Pela prece você se torna um ser universal. Pela prece você se torna agradável, atraente e benquisto.

Eis aí a razão de ser da prece: tornar os seus desejos realidade humana e física.

... Quando você ora é como se descesse nas profundezas de um poço, onde se encontra a água mais pura, mais cristalina e mais saudável...

Orar é dirigir-se ao Banco Infinito a fim de tomar o empréstimo que deseja, sem precisar de avalista. O aval é a sua fé. Se você acredita, tudo lhe será dado.

N ada resiste ao poder da oração.

Deus sempre ouve a sua prece.

Elevemos aos céus a prece do otimismo, pela qual reconhecemos que tudo o que existe é bom e tudo foi feito para nos dar prazer, bem-estar e satisfações.

Orar é um momento divino em que o céu se abre e Deus desce a sua luz que ilumina a nossa escuridão... que acalma os nossos nervos... que engrandece a nossa pequenez... que dissolve os nossos problemas... que derruba as barreiras dos nossos caminhos.

Enquanto você fica boiando com a mente na superfície, às vezes agitado pelas perturbações da vida, do ambiente, e das suas próprias angústias, sua prece sai sem forças, sem convicção, misturada com as impurezas da distração.

Fé... duas letras pequeninas, mas do tamanho do mundo...

A fé cura.

A fé tem a força de transpor todos os obstáculos.

A fé resolve todos os problemas.

A fé torna infalível o princípio divino e universal do PEDI E RECEBEREIS, ensinado por Jesus.

Se a nossa fé for forte e decidida, nossa colheita será abundante.

Comece a enfrentar com alegria os seus próprios caminhos, abra os seus horizontes e enxergue na frente, com fé e coragem.

Abra a janela para que a claridade da fé e da esperança entrem.

A fé é a força todo-poderosa.

Olhe com os olhos da Fé este mundo cheio de coisas boas. Essas coisas boas também são para você.

Siga em frente de fronte erguida e com a alma cheia de fé e de sucesso.

Para quem acredita com veemência e com fé inabalável, não existe frustração, não existem males, não existe fatalismo. A vida será uma sucessão de coisas boas. Em cada gesto, em cada palavra, em cada olhar, haverá uma irradiação de paz e de amor. Os medos desaparecerão e o coração estará aberto para desfrutar deste mundo lindo e maravilhoso que Deus criou para nos dar de presente.

Você pode alcançar sempre aquilo que seu pensamento exprimir com fé e com sinceridade.

Dentro de cada pessoa, inclusive de você, existe a fonte energética que pode lhe alcançar o que deseja, mas esta fonte precisa ser transformada numa usina poderosa, acionada pelo caudal da fé.

É preciso crer. Crer, sempre, apesar de tudo.

... Produza paz em sua mente agora e você colherá muita paz durante toda a semana....

Quando a gente vive em paz, alegre, sem a pressão interior provocada pelo ódio, pela inveja, pela ambição desmedida, pelo negativismo, a gente se sente bem.

Quem está em paz irradia paz.

Crie o reino dos céus dentro de você e viva nesse reino celestial de paz.

É tão bom quando a gente mergulha num estado interior de paz e amor, porque então todo o mundo exterior reflete este estado de poesia e encantamento.

A paz desenvolve a alegria de viver.

Não fique dizendo que você não está em paz porque os outros não deixam você em paz. Não. A paz é um dom interior seu.

É só quando você se sente em paz que você vê o outro em paz.

A paz nasce e termina em você.

... Crie a paz dentro de você. Sinta-a. Determine agora que você está em paz e verá que o milagre da paz começa a acontecer em você.

No amanhecer da nossa História, talvez o mundo fosse um lago agitado pelas tempestades das discórdias e do desamor. Mas quando amanheceu o sol da Paz, as águas se acalmaram, o lago tornou-se sereno e o brilho dourado do Amor deu um toque divino na paisagem.

A paz produz a saúde.

Somente quem vive em paz encontra sensibilidade para sentir a beleza das matas e a ternura do cantar dos pássaros.

A paz é o caminho da bondade, da compreensão e do bom entendimento entre as pessoas. Procure ter paz em seu interior e os desentendimentos familiares acabarão, porque a paz é um dom muito mais precioso e agradável do que as raivas, as vinganças e os desprezos e orgulhos.

Todos os momentos são momentos de bondade ou de começar a ser bom; momentos de felicidade ou de começar a ser feliz; momentos de dar perdão ou de pedir perdão; e de começar tudo de novo, com coragem, com entusiasmo, com fé e em paz.

Se você deixar que entre a claridade em seu coração, a vida brotará novamente, mesmo que tudo já estivesse seco e deserto.

... Imagine-se perfeito e a perfeição habitará em seu corpo...

Você, que está sofrendo e que está desanimado, lembre-se que é filho de Deus e, portanto, a saúde, a paz e a felicidade são dons que lhe pertencem por direito natural.

Sou uno com o Pai e a perfeição do Pai está em mim.

Não fique aí remoendo uma situação desagradável, não fique aí na cama se revirando numa insônia que só lhe prejudica e em nada ajuda. Faça como o filho pródigo: levante-se com fé, com ânimo, com decisão e enfrente a situação com a alma cheia de boa vontade. Assim os obstáculos não resistirão e você será o grande vencedor.

Quando a sua mente entra num estado de paz e de alegria, estará gerando energias para a sua saúde.

As águas do amor curam todas as doenças e geram estado de felicidade.

Quando uma pessoa pensa positivamente, age positivamente e vive positivamente, essa pessoa não adoece e nem morre.

Você é filho de Deus perfeito e nasceu para viver feliz e cheio de saúde e bem-estar. Se isso não está acontecendo, imagine que deve haver uma causa e uma solução.

A doença não nasceu com você, os grilos não nasceram com você, os problemas não nasceram com você; então você pode jogá-los fora, pois não são parte de sua essência.

Todas as doenças são curáveis. Você criou a doença, logo, você pode eliminá-la com mais facilidade. Basta aprender a usar o Poder Divino, que existe dentro de si, e verá as maravilhas que acontecerão na sua vida.

Olhe a sua esposa com olhos de amor e veja o seu marido com olhos de carinho.

Deixe o seu filho construir o mundo dele e você viva feliz no seu mundo lindo, seja qual for a sua idade.

O tempo empregado na agradável convivência é um tempo muito bem empregado.

Mãe, quando tudo parece desmoronar, chegue para perto daquela outra mãe, a Mãe do Céu, a Mãe de Deus, e conte as suas mágoas. Ela vai ajudar você. Ela há de passar as mãos pelos seus cabelos e, com um sorriso confortador, lhe dirá: "Acalme-se. Tudo vai melhorar. Eu vou colocar uma pontinha de compreensão, de amor e de reconhecimento no coração do seu esposo e de seus filhos e eles vão gostar cada vez mais de você. Acima dos seus defeitos e falhas, você há de surgir como a boa fada dentro da família. Eu vou dar-lhe força. E você será feliz, muito feliz".

Você é uma extraordinária obra de arte de sua mãe.

Se você é capaz de bater palmas e vibrar com o seu colega que botou 120 por hora na moto ou que teve sucesso em alguma coisa qualquer, imagine quantas palmas deverá bater à sua mãe por ter feito você.

Quando você escreve uma poesia, você vibra de emoção. Quando canta uma música, sente-se grande. Quando constrói uma peça qualquer, sente-se realizado e superior aos outros. Pois, a sua mãe construiu você. Você, com seu corpo, com sua inteligência capaz de pensar, de falar, de cantar; com seu coração, esse coração que você tem para amar, amar sempre, amar muito.

O seu filho vai colher amanhã o que você semear hoje no seu coração.

Quem chora revela sensibilidade.

Quem chora tem a matéria-prima do amor dentro de si.

Quem chora tem o dom de pedir perdão.

Quem chora tem a capacidade interior de se arrepender.

Quem chora é capaz de perdoar.

Quem chora espanta o ódio e o desamor.

Quem chora é tão bom que não se peja de mostrar o que se passa no seu íntimo.

Quem chora — orvalha o coração.

Bem-aventurados os que choram. Sim, bem-aventurados aqueles cujas lágrimas carregam os ingredientes químicos da esperança, da bondade e da fé.

Bem-aventurados os que choram sobre o coração que crê, que confia, que espera algo melhor.

A lágrima é como a chuva benéfica: refresca a terra, aciona as energias genéticas do solo, promove a limpidez do céu e o brilho ameno do sol.

Bem-aventurados os que choram, quando suas lágrimas correm como um rio para o lago sereno da paz.

Para você saber a sua idade faça um exame, tendo por referência sua visão atual da vida, das pessoas, do mundo, da natureza, das coisas que acontecem.

A idade é o reflexo de seus ideais.

A idade é medida pelo termômetro do seu entusiasmo. Se você é descrente de tudo; se você não tem mais entusiasmo para nada; se você vive com a alma atrofiada e com o coração amargurado, você é um velho, não importa se tem 80 anos ou 18 ou 25 anos.

Mas, se você tem a alma ardente, o coração florido de amor, de bondade e de espírito fraterno; se você vibra com as boas coisas que acontecem no mundo; se você se enternece diante de um sorriso de criança e diante da escultura divina de uma flor — você está no esplendor da juventude.

A idade de uma pessoa não está na soma matemática do calendário.

A idade é fruto da vida.

A idade é o resultado dos seus pensamentos.

Qualquer idade é tempo de felicidade.

O ancião pode irradiar luz e vitalidade nos seus olhos, pode irradiar energia nas suas palavras, pode irradiar juventude em seu coração.

Seja eternamente jovem. Deus criou o mundo e a sua força vital, eternamente jovem, paira em todo o universo.

Nunca se sinta envelhecendo ou morrendo. Você não é o seu corpo, que é matéria. Você é o seu espírito e o seu espírito é eterno. Por ser espírito, não pode desaparecer e nem envelhecer.

Não fique com medo da velhice porque é o medo que faz a velhice.

Pelo medo você cria uma imagem forte no seu subconsciente e o subconsciente trata de cumprir. Agora, sorria e sinta-se jovem, eternamente jovem, cada vez mais maduro e mais jovem.

A chuva não cria predisposição para a melancolia. Somos nós que nos predispomos à melancolia por causa da chuva.

Faça com que o dia de chuva seja tão alegre como um dia de primavera, porque tudo o que existe neste mundo é bom... E basta você pensar assim e assim será.

Quantas vezes a gente cria fantasmas na mente, por exemplo, que um dia de chuva é um dia triste e sem graça... Foi Deus quem fez um dia de chuva e ele é tão lindo como os outros. É diferente como os outros, tem sensações agradáveis como os outros... suscita desejos de paz interior, como os outros dias... traz sensação de fraternidade porque aproxima as pessoas... Promove encontros humanos porque as pessoas sentem vontade de conversar enquanto a chuva cai... Veja, tudo neste mundo é lindo, é obra admirável de Deus.

Olhe para a chuva e sinta-se bem. Assim como ela penetra nas flores, nos caules e gera o processo da vida, juntamente com o calor e a luz do sol, faça com que a imagem benéfica da chuva desça ao seu coração e assim faça renascer e revigorar as flores interiores, os bons desejos, a vontade de servir e de ser amável para com as pessoas.

Talvez a chuva lhe dê a sensação de tristeza, mas agora contemple a chuva como uma harpa divina e universal, tocando uma música confortante para você. Receba esse som aconchegante e gostoso como o prelúdio agradável de uma sinfonia de amor e de paz. A chuva alegra a terra, brinca com as plantas, abre os botões das flores e traz bem-estar, calma e paz para você.

A sua voz é o seu cartão de visita. A sua voz pode ser o melhor meio de aproximar as pessoas. Sua voz há de ser como a mão benfazeja que se estende acolhedoramente para o futuro.

Fale com bondade na voz.

O PEREGRINO

Certa vez um peregrino resolveu caminhar o mundo à procura da região da Felicidade. Andou por todas as partes, investigando, perguntando, averigüando onde ficava a região da Felicidade. Em certo lugar, começaram a dar-lhe o endereço. Com as informações no bolso, seguiu seu caminho, ansioso por chegar lá. E, realmente, aportou numa região inimaginável: a terra encantadora, o céu azulado, as estrelas cristalinas e borbulhantes de luz, a luz tecendo redes de prata sobre as coisas, as flores colorindo o ambiente, os dias amanhecendo de suavidade e poesia. E o coração inundando-se de paz, amor e felicidade.

O peregrino estava feliz. Embebia-se na beleza de cada instante.

Mas, um dia, estourou uma gigantesca tempestade. A noite tenebrosa arrastou o céu e as nuvens desabaram sobre a terra, ameaçando tudo de destruição.

O peregrino sentiu-se frustrado e resolveu voltar. Esta não era a região da Felicidade. Tornou atrás.

Nem bem ele estava longe, amanheceu um novo dia. Cessou a gigantesca tormenta. O céu voltou a ser mais lindo ainda. As flores tornaram-se aveludadas. Tudo era mais fascinante. A felicidade havia rejuvenescido, borbulhando em cada aurora, em cada arbusto, em cada estrela.

Mas o peregrino já estava longe.

Antes, porém, de dobrar a última curva do caminho, tornou ele a olhar para trás.

E viu o mundo de belezas que deixara lá longe.

Retornou, mais feliz do que nunca, e habitou para sempre a região da Felicidade.

PALAVRA

Toda a palavra que sai da sua boca é uma semente cujo fruto você mesmo vai colher. Torne os seus lábios suaves e doces como o mel e a vida se tornará deliciosa para você.

VENCER

Seja um vencedor. Você nasceu para vencer, lembre-se disso. E Deus colocou em você todas as potencialidades do vencedor. Queira vencer.

Se você está numa situação difícil, alegre-se porque será maior a sua alegria. Você se sentirá imensamente feliz ao sair dessa situação pelo Poder Divino que age em você. Levante-se; erga a cabeça. Levante a sua voz interior e diga: Eu sou um vencedor.

ENTUSIASMO

O entusiasmo é a força energética capaz de levar-nos aonde queremos.

CIÚME

O ciúme é uma doença maligna. Mas tem cura. E é fácil. Basta apagar do coração a palavra ciúme e escrever AMOR. Tolerância. Compreensão. Bondade. Fé.

Se você é ciumento, antes de tudo seja uma pessoa corajosa e cheia de fé. Acredite nas pessoas. Dê amor, muito amor, porque quem dá amor, recebe amor. Tenha a alma leve, respire a alegria da convivência. Não tenha medo de si e nem do outro.

NOITE

Não faça da noite um momento de terror e de agonia. Por que ansiar-se? Para que usar soníferos para dormir, se a noite é amiga, se a noite faz esquecer as agruras da vida? Limpe a sua mente.

O repouso traz a calma.

PACIÊNCIA

Bem-aventurados aqueles que tiveram a paciência e a esperança de acreditar no dia seguinte. Porque sempre haverá um outro dia em que o sol voltará a brilhar e o céu se tornará mais azul e mais lindo do que nunca.

Nada de desespero por causa de crises, de fraquezas, de desentendimentos. Basta um pouco de paciência e compreensão, que tudo se resolverá.

O rigorismo e a dureza demasiada em julgar o companheiro de vida, além de ser uma injustiça e uma maldade, mostra que tem visão muito estreita da vida, pois quem hoje está por cima amanhã poderá estar por baixo e em situação bem pior. Sejam tolerantes e bondosos.

Toda a criatura tem a mesma origem, o mesmo princípio. Há, portanto, uma linguagem comum entre o ser humano e o animal.

INTELIGÊNCIA

Sua inteligência é ilimitada e agora você aprende tudo com facilidade e tem discernimento e capacidade de raciocínio.

ESTUDOS

Se foi mal nos exames escolares, decida-se agora mesmo que vai ganhar nota máxima no próximo exame; estude com calma; ative as forças mentais e esteja certo de que tudo acontecerá. Deus é seu maior amigo e professor. Ele lhe deu essa enorme potencialidade interior para que você a utilize.

RELIGIÕES

As religiões são caminhos que levam a Deus.

AMIGOS

Estenda as mãos para os seus amigos e inimigos e restabeleça as pontes que uniram vocês em outros tempos.

BOA VONTADE

Eis aí uma qualidade muito simpática. Como é legal a gente cultivar a boa vontade! Boa vontade para todos. Você tem boa vontade quando estende a mão para todos, indistintamente. Você tem boa vontade quando aceita o gesto de paz e a saudação de toda pessoa. Você tem boa vontade quando esquece as mágoas que lhe fizeram. Você tem boa vontade quando perdoa de fronte erguida e sem ressentimentos. Você tem boa vontade quando tem capacidade de ceder, quando tem desprendimento para deixar que os outros sejam como quiserem, assim como você deseja que os outros deixem que você seja como você quer.

É fácil viver e conviver quando a gente vive num mundo de BOA VONTADE.

AGRADECIMENTO

... Agradeço pelas coisas ruins que me aconteceram porque elas foram benéficas, uma vez que me trouxeram a recompensa multiplicada...

Obrigado pelo sol que brilha, para mim, iluminando os meus caminhos.

Obrigado pela lua que encheu de encantos as minhas noites. Muito obrigado às flores que coloriram e perfumaram os meus caminhos.

Muito obrigado a você que iluminou os meus olhos, que enriqueceu a minha mente, que encheu de amor e ternura o meu coração, que me deu a mão, que me animou, que sorriu para mim; muito obrigado a você, não importa quantos nomes você tenha.

Dizendo muito obrigado por tudo de bom que lhe acontece, você gera novas energias para a etapa seguinte da existência.

Maravilhosa é a pessoa que, após receber um benefício, agradece com a alegria da gratidão no coração. E o benefício que você recebeu foi este dia vivido por você.

Obrigado, palavra que faz amigos, que significa sensibilidade, que tem o perfume de uma flor aproximada ao nosso rosto...

Dizer muito obrigado é a melhor forma de alcançar os objetivos.

OUTRAS OBRAS DA EDITORA

O Poder Infinito da Sua Mente - O Poder Interior
O Poder do Jovem - O Poder da Inspiração
Pensamentos de Vida e Felicidade - Enciclopédia Maluca
Viagem a Dois Planetas - Homem Só - No Reino da Pataleca
As Crianças que Fizeram o Tempo Voltar - Os Poderes de Jesus Cristo
A Cura Pela Palavra - Pétalas de Vida
Os Outros Puderam Você Também Pode
Você Tem o Poder de Alcançar Riquezas - O Poder Infinito da Oração
Só o Amor é Infinito - Pode Quem Pensa que Pode
O Segredo da Outra Vida - Uma História de Amor
Sabedoria de Cada Dia (simples) - Sabedoria de Cada Dia (semi-luxo)
Sabedoria de Cada Dia (luxo) - Aquárius a Nova Era Chegou
A Vida é Uma Festa - Conhece-te e Conhecerás o Teu Poder
As Regras da Felicidade - Jesus Precursor e Anunciador da Nova Era
Lições Positivas - O Príncipe que Queria Casar - Otimismo & Felicidade
A Fé que Remove Montanhas - O Expresso Balnesul
Exploda a Crise - Faça Sucesso
Sem Pensamento Positivo não Há Solução

OS DEZ MAIS VENDIDOS

O PODER INFINITO DA SUA MENTE

299ª EDIÇÃO
(192 páginas)

Lançado em 1980, esta obra tornou-se, desde logo, um dos maiores best sellers do Brasil. Já traduzida em várias línguas, continua sucesso em outros países.

O autor ensina, de forma simples e profunda, as pessoas a usarem as forças interiores, para resolver os problemas e alcançar os grandes objetivos da vida.

O PODER INFINITO DA ORAÇÃO

71ª EDIÇÃO
(184 páginas)

Aqui, você vê o outro lado da oração: a força infinita, nela contida, que produz a cura de doenças incuráveis; que produz a solução de problemas insolúveis; que abre caminhos inimagináveis; que realiza o milagre; que evita o acidente; que acalma o espírito; que protege no perigo. (Lançamento: 1988)

EXPLODA A CRISE FAÇA SUCESSO

Lançamento: janeiro/96
9ª EDIÇÃO
(184 páginas)

"EXPLODA A CRISE, FAÇA SUCESSO" é o 34° livro de LAURO TREVISAN. Mostra, de forma clara e fácil, que o SUCESSO é o verdadeiro caminho do ser humano e ensina como agir para que tal aconteça. Seja qual for o tamanho da crise, chegou a hora de explodi-la e arrancar para a melhor etapa da vida.

A CURA PELA PALAVRA

48ª EDIÇÃO
(220 páginas)

Obra apreciadíssima. A Cura Pela Palavra é uma força todo-poderosa, capaz de libertar você de doenças e dificuldades.

Lembre-se que você também tem o poder de realizar o seu próprio milagre. (Lançamento: 1984).

A FÉ QUE REMOVE MONTANHAS

(Lançamento: janeiro/95)
12ª EDIÇÃO
(168 páginas)

Estupendo!
A fórmula definitiva daquele poder que move montanhas, cura doenças, produz milagres e tudo alcança.

VOCÊ TEM O PODER DE ALCANÇAR RIQUEZAS

40ª EDIÇÃO
(222 páginas)

Aqui você encontrará o caminho da riqueza, o mapa da mina e a chave do Tesouro Infinito. De forma simples, clara e fácil, os 10 passos para você conseguir tudo o que deseja da vida.

O trabalho constrói; o pensamento enriquece. (Lançamento: 1986)

O PODER DO JOVEM

70ª EDIÇÃO
(128 páginas)

Este é um livro fantástico para o jovem. Leva-o a enfrentar a vida com fé, com otimismo, com segurança e com a firme certeza das suas qualidades e do seu sucesso. Resolve os problemas que mais angustiam a juventude e exerce uma força todo-poderosa sobre a mente do jovem, conduzindo-o a ser um vitorioso na vida, na profissão, no amor, em tudo. (Lançamento: 1982)

OTIMISMO & FELICIDADE

(Lançamento: 1994)
12ª EDIÇÃO
(160 páginas)

Mostra que o otimismo e a felicidade são qualidades essenciais para uma vida bem-sucedida. É preciso ser feliz para viver plenamente o dia de hoje e é necessário ser otimista para assegurar o sucesso de hoje e do futuro.

PODE QUEM PENSA QUE PODE

39ª EDIÇÃO
(128 páginas)

Neste livro você realizará as duas maiores descobertas da humanidade: primeira, que existe um Poder Infinito no âmago do seu ser; seguda, que este poder é acionado pelo PENSAMENTO. Não deixe de ler este livro. Vai ensinar-lhe a livrar-se das depressões, das obsessões, das doenças físicas, do estresse, da pobreza, das privações e de tantos males que lhe tiram a alegria de viver. (Lançamento: 1982).

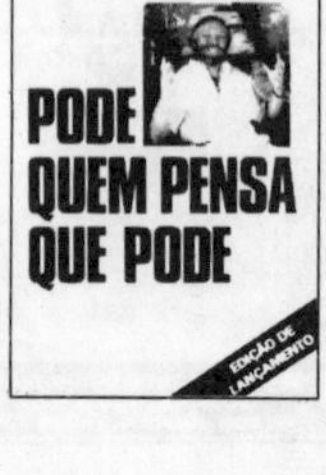

CONHECE-TE E CONHECERÁS O TEU PODER

20ª EDIÇÃO
(184 páginas)

A melhor e mais completa obra de auto-conhecimento, analisando a dimensão total do ser humano: corpo, mente, espírito, divindade, coração emocional, paranormalidade. Ainda: o homem em interação com a humanidade, com o universo e com Deus. (Lançamento: 1991)

FITAS-CASSETTE

Ref. 501

Ref. 502

Ref. 503

Ref. 504

Ref. 505

Ref. 506

Ref. 507

Ref. 508

Ref. 509

Ref. 510

Ref. 511

Ref. 512

Ref. 513

Ref. 514

Ref. 515

Ref. 516

Ref. 517

Ref. 518

Ref. 519

Ref. 520

REFERÊNCIAS

501 - Relax programação positiva /
Mensagem para o amanhecer.
502 - Mensagem para nervosos
Para viver feliz e com sucesso.
503 - Programa de cura.
504 - Jovem de sucesso.
505 - Criança sadia / Jesus e a criança.
506 - Em busca do amor / Mensagem do amor.
507 - Casal feliz.
508 - Liberte-se das preocupações
Nervosismo.
509 - Relax para gestante /
Conversando com o nenezinho.
510 - Ame e viva / Perdoe e seja feliz.
511 - Liberte-se da insônia / Descanso no lago azul.
512 - Para deixar de fumar / Emagreça pela mente.
513 - Liberte-se das bebidas / Viver com saúde e feliz.
514 - Vença os seus medos / Seja seguro de si.
515 - O poder da riqueza /
Mergulhe no mundo da riqueza.
516 - A cura pela mente / Mentalização da saúde total.
517 - Acabe com o stress / Livre-se da angústia.
518 - A cura da depressão / A vida é uma festa.
519 - II Festival Festinvita.
520 - Poesias para uma vida melhor.
531 - Realize seus sonhos / Você pode.
532 - Aquárius / A Nova Era Chegou
533 - Alegria / Festinvita
534 - Conhece-te a ti mesmo /
Você é Comunhão Universal.
535 - Exploda a Crise / Faça Sucesso.

Ref. 531

Ref. 532

Ref. 533

Ref. 534

Ref. 535

CONHECE-TE
A TI MESMO
Ref. 806

ALEGRIA
ENERGIA NECESSÁRIA
E PODEROSA
Ref. 809

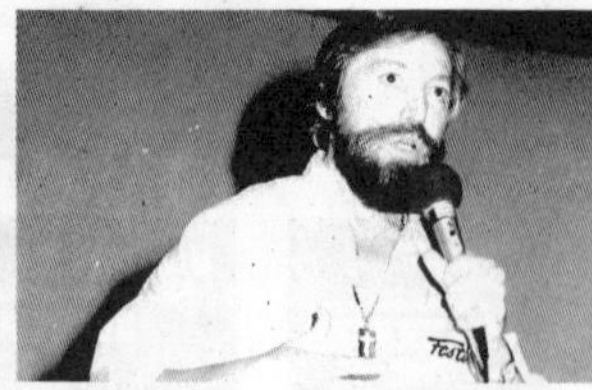

VOCÊ EM COMUNHÃO
COM TODO UNIVERSO
Ref. 808

UMA COLEÇÃO PARA VOCÊ EM FITAS DE VÍDEO

PALESTRAS
(GRAVADAS AO VIVO)

A VIDA
É UMA FESTA
Ref. 804

OS PRINCÍPIOS
DA FELICIDADE
Ref. 814

AQUÁRIUS
A NOVA ERA
CHEGOU
Ref. 803

CONGRESSOS DA MENTE
– A NOVA ERA CHEGOU –

I SÍNTESE
1991
Ref. 801

II SÍNTESE
1992
Ref. 805

III SÍNTESE
1993
Ref. 811

VI SÍNTESE
1996
Ref. 816

FESTIVAIS
FESTINVITA

I O REINO
FESTINVITA
1991
Ref. 802

II FELICIDADE
É COMUNHÃO
UNIVERSAL
1992
Ref. 807

III
SER COMO
AS CRIANÇAS
1993
Ref. 810

IV VIAGEM NO
BARCO FESTINVITA
PELOS SETE MARES
DA VIDA FELIZ
1994
Ref. 812

VI FESTIVAL
FESTINVITA
1996
Ref. 815